*Des Montagnes aux Prairies*

*From Mountains to Prairies*

## Couverture avant
## Front Cover

**L'image de couverture est une aquarelle de l'auteur représentant la région alpine montagneuse où est né Jean-Maurice Villien et les prairies sans de relief Louisiane où il repose.**

**The cover image is a watercolor painting by the author depicting the mountainous alpine region where Jean-Maurice Villien was born and the level Louisiana prairies where he was laid to rest.**

*Des Montagnes aux Prairies*       *From Mountains to Prairies*

**UNE BREVE HISTOIRE BILINGUE**      **A BILINGUAL SHORT HISTORY**

français-anglais      French-English

Written and Illustrated
By
**Douglas L. Villien, Sr.**

Villien Publishing
Baton Rouge 2018

Copyright © 2018 Douglas L. Villien, Sr.

*All rights reserved.*

Manufactured in the United States of America

If this book is not available at your local bookstore or online, copies may be ordered by contacting:
Villien Publishing
Email: mauricehistory@cox.net

Online Orders:
https://www.createspace.com/
https://www.amazon.com/

All images, excerpts and rights reserved. No part of this publication, either text or image, may be reproduced, modified, stored in a retrieval system, retransmission or transmitted in any form or by any means, electronic, mechanical or otherwise, for any reason, without written permission from the author.

*Notice*: The information in this book is true and complete to the best of our knowledge. It's offered without guarantee on the part of the author. The author disclaims all liability in connection with the use of this book.

This book is printed on acid-free paper and meets the guidelines certified by the FSC-U.S.
Graphics and consulting for this book is provided by Randy Bringhurst.

First Printing, May 2018

ISBN-10: 0985816945
ISBN-13: 978-0985816940
(full color)

A mon
arrière grand-père

**Jean-Maurice Villien**


To my
great-grandfather

**Jean-Maurice Villien**

# Contents

Remerciements
    Acknowledgements    ix

Préface
    Preface    xi

Introduction
    Introduction    2

Héraldique Villien
    Villien Heraldry    3

Des Montagnes aux Prairies
    From Mountains to Prairies    4

# Acknowledgements

La traduction et l'édition de l'anglais vers le français n'aurait pas été possible sans les efforts de Heather Villien Frantz, Philippe Gourdeau et Richard Landry. Leurs nombreuses heures et leur dévouement à ce projet est grandement apprécié.

Merci beaucoup, au Docteur Paul O. Villien Jr. pour ses recherches approfondies sur l'origine et l'héraldique de la famille Villien.

Et une reconnaissance spéciale à la Société historique de préservation de Maurice pour son engagement pour la préservation du Magasin de Maurice Villien. Grâce aux efforts inlassables de Richard Landry, Gerry LeBlanc, Janice Gary, Cheryl Broussard Perret, Debbie Broussard Choate, Gabby Broussard, Daniel Duhon, Francine Matthew, Tom Villien et du docteur Marc Villien, la création du Musée à Maurice n'aurait pas pu voir le jour.

Transcription and editing from English to French could not have been possible without the effort of Heather Villien Frantz, Philippe Gourdeau and Richard Landry. Their many hours and dedication to this project is greatly appreciated.

Many thanks, to Doctor Paul O. Villien, Jr. for his in-depth research on Villien family origin and heraldry.

And special appreciation to the Maurice Historical Preservation Society for their commitment to the preservation of Maurice Villien's store. Through the tireless effort of Richard Landry, Gerry LeBlanc, Janice Gary, Cheryl Broussard Perret, Debbie Broussard Choate, Gabby Broussard, Daniel Duhon, Francine Matthew, Tom Villien, and Doctor Marc Villien, the creation of Le Musée à Maurice would not have happened.

VILLIEN

# Preface

Le village de Maurice, en Louisiane a été incorporé en 1911, mais l'origine de ce village est antérieure à cette époque.

Le fondateur du village, Jean-Maurice Villien descend d'une famille de longue histoire colorée dans le sud-est de la France, à Vulmix, et dans le Département de la Savoie. Cette zone comprend la vallée de la Tarentaise de l'Isère qui traverse Bourg St-Maurice, la ville natale de Jean-Maurice Villien.

Le voyage de Jean-Maurice Villien a commencé dans les régions montagneuses de l'Europe et s'est terminé dans les prairies côtières de l'Amérique du Nord.

C'est son histoire.

The Village of Maurice, Louisiana was incorporated in 1911, but the beginnings of this village finds its origin before then.

The village's founder, Jean-Maurice Villien descends from a family of long colorful history in southeast France, in Vulmix and the Department of Savoy. This area includes the Tarentaise Valley of the Isere River which flows through Bourg St-Maurice, the hometown of Jean-Maurice Villien.

The journey of Jean-Maurice Villien began in mountainous regions of Europe and terminated in the coastal prairies of North America.

This is his story.

# Des Montagnes aux Prairies

# From Mountains to Prairies

# Introduction

Jean-Maurice Villien, fils de Joseph A. Villien et de Marie A. Miédant-Gros de Vulmix dans la commune de Bourg Saint-Maurice, en France, en savait beaucoup sur les vaches, le lait et le fromage dans les vallées des Alpes. Mais leur mode de vie pacifique a changé lorsque les troubles politiques entre les gouvernements de la France et la Sardaigne ont cherché à contrôler le territoire de la Savoie.

Pour des raisons diverses, Jean-Maurice et son frère ont traversé l'Océan Atlantique afin de s'aventurer dans l'Amérique d'avant la guerre de Sécession. Son frère avait l'espoir de s'associer avec lui dans de nouvelles entreprises américaines mais mourut tragiquement à son arrivée à la Nouvelle-Orléans. Sans le savoir, Jean-Maurice contribuerait éventuellement à l'histoire américaine et imprimerait des marques de localisation permanentes comme un témoignage de son arrivée.

Entre 1873 et 1879, Jean-Maurice et sa femme Marie établissent une ferme et cultivent de vastes étendues dans la paroisse nord-est de Vermilion. Là, ils ont établi un magasin de marchandises générales. Le magasin et la ferme étaient très rentables et ont mené à des possibilités de développement foncier.

Jean-Maurice s'est lancé dans les affaires, ce qui a abouti à la création d'un petit village rebaptisé en «Maurice» en sa mémoire. Aujourd'hui, la ville est son héritage et est reconnue internationalement.

Jean-Maurice Villien, son of Joseph A. Villien and Marie A. Miédant-Gros of Vulmix in the commune of Bourg St. Maurice, France knew much about cows, milk and cheese in the valleys of the Alps. But their peaceful way of life changed when political unrest between the governments of France and Sardinia sought control over the territory of Savoy.

For assorted reasons, Jean-Maurice and his brother ventured across the Atlantic Ocean into pre-Civil War America. His brother had hopes of partnering with him in new American ventures but died tragically upon arrival in New Orleans. Unknowingly, Jean-Maurice would eventually contribute to American history and imprint permanent location marks as a testament to his arrival.

Between 1873 and 1879 Jean-Maurice and his wife Marie homesteaded and farmed large sections of land in northeast Vermilion Parish. There they established a general merchandise store. The store and farm were very profitable and led to land development opportunities.

Jean-Maurice joined into a business venture which culminated in the formation of a small village named after him, "Maurice". Today the town stands as his legacy and is internationally recognized.

## Heraldique Villien En Français

"Les Armes de Vulliens, Vaud-Suisse, sont les armes originales des Seigneurs de Vulliens et sont les mêmes composants des premier et quatrième quarts des armes françaises. Ce sont les armes possédées par les deux lignes (branche française et savoyarde) et sont les armes originales de tous les Villiens. Les Villiens en Amérique, et les descendants de Jean-Maurice Villien sont de la lignée savoyarde. La branche savoyarde de la famille est restée dans la région alpine de Bourg-Saint-Maurice depuis plus d'un millénaire, fortement attachée à leurs terres et à leurs vaches laitières.»

## Villien Heraldry In English

"The Arms of Vulliens, Vaud-Switzerland, are the original arms of the Seigneurs de Vulliens and are the same components of the first and fourth quarters of the French arms. These are the arms possessed by both lines (French and Savoyard branch) and are the original arms of all of the Villiens. The Villiens in America, and descendants of Jean-Maurice Villien are from the Savoyard line. The Savoyard branch of the family has remained in the Bourg St. Maurice alpine region for over a millennium, strongly attached to their land and dairy cattle."

*Paul O. Villien, Jr., M.D.*

L'église St-Maurice a été construite en 1849 à Bourg-St-Maurice (département de la Savoie), en France. Bourg St-Maurice est la dernière ville de la vallée de la Tarentaise au coeur des Alpes françaises.

C'était l'église où la famille Villien se rendait aux offices. Les Villiens étaient de fervents catholiques.

L'Église St-Maurice a inculqué à Jean-Maurice Villien ses valeurs morales. Son éducation religieuse a influencé sa vie et son héritage.

L'église St-Maurice, was built in 1849, in Bourg St-Maurice (Savoy Department) France. Bourg St-Maurice is the last town along the Tarentaise valley in the heart of the French Alps.

It was the church where the Villien family worshiped. The Villiens were devout Catholics.

L'Église St-Maurice exposed Jean-Maurice Villien to moral foundation. His religious upbringing influenced his life and legacy.

*L'église St-Maurice, Bourg St. Maurice, Savoy, France*

Les frères, Jean-Maurice et Joseph-Etienne Villien quittèrent leur pays natal et leur petit hameau niché dans les Alpes.

Maurice et Etienne étaient sardes quand ils ont quitté leur patrie. (La Savoie dans les années 1850 était la région francophone du Royaume de Sardaigne. En 1860, cinq ans après l'émigration des frères en Amérique, cette partie de la Sardaigne a été annexée à la France).

Leur ambition était d'échapper aux incertitudes et aux troubles politiques dans leur patrie et de chercher des opportunités pour une nouvelle vie en Amérique.

Brothers, Jean-Maurice and Joseph-Etienne Villien departed from their homeland and from their little hamlet nestled in the Alps.

Maurice and Etienne were Sardinian when they departed their homeland.
(Savoy in the 1850's was the French speaking area of the Kingdom of Sardinia. In 1860, five years after the brothers immigrated to America, this part of Sardinia was annexed to France).

Their ambition was to escape uncertainties and political unrest in their homeland and seek opportunities for a new life in America.

***Bourg St. Maurice, Savoy, France***

Après des mois de planification, les frères quittèrent leur pays sans connaître l'avenir de la Savoie. Le Traité de Turin a finalement transféré la juridiction de la Savoie de la Sardaigne à la France.

Leur voyage en Amérique fut un voyage long et difficile. Il fallut des mois avant qu'ils puissent atteindre leur destination, la Louisiane.

Bien que leur voyage les ait conduit en des lieux éloignés, ils n'en avaient pas pour autant oublié leur famille et amis. Ils continuérent à correspondre avec les membres de la famille longtemps après leur arrivée en Amérique.

Bien des années plus tard, Maurice retourna à Bourg-Saint-Maurice pour rendre visite à sa famille.

After months of planning, the brothers departed their homeland unaware of Savoy's future. The Treaty of Turin ultimately transferred jurisdiction of Savoy from Sardinia to France.

Their journey was a long and difficult trip to America. It would take months before they would see their destination in Louisiana.

Although their journey led to distant places, their family and friends were not forgotten. They continued correspondence with family members long after arriving in America.

Many years later Maurice did return to Bourg St. Maurice to visit his family.

VILLIEN

Jean-Maurice Villien            Joseph-Etienne Villien
*Les frères Villien quittèrent leur pays*
*The Villien brothers left their homeland*

Les frères faisaient partie des milliers d'autres immigrants français de classe moyenne, indépendants et instruits, qui s'installèrent dans les régions francophones d'Amérique. Ils faisaient partie du faible pourcentage de Français qui avaient immigré directement de France.

En 1855, les jeunes frères sont arrivèrent par bateau à la Nouvelle-Orleans.

Peu de temps après son arrivée, Maurice trouva un emploi de cordonnier, puis s'engagea dans l'honorable commerce de marchandises.

The brothers were among thousands of other French immigrants who were independent, educated, and middle-class who settled in existing French-speaking areas of America. They were among a small percentage of French who immigrated directly from France.

In 1855, the young men arrived by ship at New Orleans.

Soon after arriving, Maurice found employment as a cobbler and then became engaged in the honorable mercantile trade.

*Voyage de l'Europe vers l'Amérique*
*Voyage from Europe to America*

Peu de temps après leur arrivée, Etienne mourut tragiquement de noyade accidentelle. Les détails de l'accident restent inconnus à ce jour.

Maurice restéa à la Nouvelle-Orléans pendant environ quatre ans après la mort de son frère. Il continua à se former au commerce. Son expérience de petit colporteur lui apprit comment traiter avec les clients et à de vendre une variété de marchandises.

Not long after their arrival, Etienne tragically died in a drowning accident. Details of the incident are not known to this day.

Maurice remained in New Orleans for approximately four years after his brother's death. He continued to apprentice in the mercantile trade. His experience as a minor peddler taught him how to engage with customers and sell a variety of goods.

*Joseph-Etienne Villien*
*New Orleans, ca. 1855*

Une fois à la Nouvelle-Orléans, Maurice devint moins traditionnel et plus entreprenant, ambitieux et tourné vers l'avenir. Dans le but de faire progresser ses affaires, il fut amené à quitter la ville.

En 1860, il dit «au revoir» à la Nouvelle-Orléans et partit s'installer dans le sud-ouest de la Louisiane en un lieu sur la rive gauche du Grand Marais le long du Bayou Teche, dans la paroisse de St. Martin. Le pays bayou du sud de la Louisiane a été colonisé en partie par des colons Acadiens et français. Les francophones de la région accueillirent Maurice.

While in New Orleans, Maurice had become less traditional and more enterprising, ambitious, and forward-looking. His interest in expanding his mercantile ideas led him to seek opportunity away from the city.

By 1860, he said "good-bye" to New Orleans and migrated to a place in southwest Louisiana situated on the west side of the Grand Marais along Bayou Teche, in St. Martin Parish. The bayou country of south Louisiana was colonized in part by Acadian and French settlers. French-speakers of the area were welcoming to Maurice.

*Jean-Maurice Villien*
*New Orleans, 1855 - 1860*

**En avril 1861, Maurice établit sa maison, un petit magasin et un café au carrefour de la route menant à la raffinerie de sucre Patout et du vieux sentier espagnol, au lieu-dit l'île Piquante, connue pour sa forte prolifération de chardons.**

**Cette région convenait à Maurice, comme beaucoup de ses prédécesseurs ici, elle avait des caractéristiques bien françaises, telles que la politesse, le dynamisme et l'hospitalité.**

**L'île Piquante était située à l'ouest de Jeanerette dans la paroisse de St. Martin où se trouvaient de nombreuses scieries, usines de bardeaux et moulins à sucre. Ce terrain de prairies côtières et de hautes herbes convenait à la culture de la canne à sucre et à l'élevage bovin. La famille Patout possédait une grande plantation et trois raffineries de sucre à proximité du magasin de Maurice. Plus tard, cette région fut connue sous le nom de communauté de Patoutville.**

**In April of 1861, Maurice established his home, a small store and coffee house situated near the confluence of the road to the Patout sugar refinery and the Old Spanish Trail at a place called l'Île Piquante, known for a heavy growth of thistle.**

**This region was suitable for Maurice, as many who preceded him here, had some of the French characteristics, among which were politeness, vivacity and hospitality.**

**L'Île Piquante was located west of Jeanerette in St. Martin Parish which was home to numerous saw mills, shingle mills, and sugar mills. The terrain was coastal prairie with tall grasses and suitable for sugarcane and cattle farming. The Patout family owned a large plantation and three sugar refineries a short distance from Maurice's store. Later this area became known as the community of Patoutville.**

VILLIEN

*Maurice Villien*
*L'Île Piquante, St. Martin Parish, 1861*

| | |
|---|---|
| Au printemps 1861, la Guerre entre les Etats commença, et Maurice se croyait à l'abri, puisqu'il était d'origine française. Alors, il se déclara neutre dans le conflit. | In the spring of the 1861, The War Between the States began, and Maurice believed he was secure and protected as a French National. He declared neutrality. |
| Cependant, il devint une victime de la Guerre de Sécession quand un général de l'Union, Michael K. Lawler, et ses troupes pillèrent l'épicerie de Maurice le 16 octobre 1863. Maurice fournit à la Cour des réclamations franco-américaine une liste exhaustive des marchandises dérobées. L'armée de l'Union («les troupes fédérales») lui prit tout ce qu'il possédait, y compris ses chevaux de valeur et biens personnels. | However, he became a victim of the Civil War when Union General Michael K. Lawler and his troops twice plundered Maurice's store on October 16 of 1863. Maurice asserted in application to the French-American Claims Court an exhaustive list of things that were taken. The Union Army (federal troops) took all that he had, including his prized horses and personal possessions. |

VILLIEN

*Gen. Michael K. Lawler, U.S. Army*   *Jean-Maurice Villien*

**L'Île Piquante, St. Martin Parish, 1863**

Cela lui prit des années pour qu'il puisse se remettre de ses pertes et relancer son commerce. Maurice resta dans la paroisse de Saint-Martin jusqu'en août 1866.

Maurice s'installa dans la paroisse de Vermilion et y établit un commerce en 1868 sur les rives du Bayou Vermilion.

Son magasin était situé sur un lieu de passage des voyageurs qui traversaient le Bayou Vermilion. Des années plus tard, en 1885, ce lieu deviendra connu sous le nom de Milton's Crossing (qui est aujourd'hui la ville de Milton).

It took years to recover his losses and re-establish his livelihood. Maurice remained in St. Martin Parish until August of 1866.

Maurice relocated to Vermilion Parish and established a trading post on the banks of Bayou Vermilion in 1868.

His store was at a place where travelers crossed Bayou Vermilion. Years later, by 1885, it would become known as Milton's Crossing (today it is the town of Milton).

*Magasin à Maurice*
*Milton's Crossing, Vermilion Parish, ca. 1868*

Maurice ouvrit avec succès un magasin à Milton's Crossing. Il développa également un commerce itinérant à bord d'une carriole tirée par des chevaux, afin de vendre des articles ménagers, des outils et matériels agricoles et des produits alimentaires, dans toutes les fermes et maisons des paroisses de Vermilion, Saint Mary et Saint Martin.

C'est à Milton que Maurice rencontra Marie Chaty, originaire de Youngsville. Ils se marièrent en 1868 à Abbeville. Ils eurent quatre enfants, mais le premier et le quatrième moururent en bas âge. Deux fils atteignirent l'âge adulte. Joseph-Angelle et Jean-Maurice, junior.

Maurice et Marie eurent un fils, Joseph Angelle (né en 1870) à Milton.

Maurice established a reputable business at Milton's Crossing. He peddled house wares, farm implements, and feed supplies from a horse drawn hack to homes and businesses throughout Vermilion, Saint Mary and Saint Martin parishes.

While living at Milton, Maurice met Marie Chaty of Youngsville. They were married in 1868 in Abbeville. They had four children, however, the first and fourth died in infancy. Two sons lived to adulthood. They were Joseph-Angelle and Jean-Maurice junior.

While living at Milton, Maurice and Marie had one son, Joseph Angelle (born 1870).

VILLIEN

*Maurice Villien et sa carriole tirée*
*Maurice Villien and horse-drawn hack*

En 1873, Maurice et sa femme Marie déposent une demande de terrains et s'installent sur le quart de la section 11. En 1875, Maurice et Marie ont un second fils, Jean Maurice, Jr.

Maurice construisit, au milieu de ses terres, une maison et un magasin près d'un bosquet entouré d'une étendue de pâturage, de hautes herbes dans la haute prairie. Le magasin de Maurice s'appelait *le Magasin à Maurice*.

En juillet 1878, Maurice et Marie furent déclarés propriétaires de leurs terres.

In 1873, Maurice and his wife Marie, filed an application and homesteaded a quarter of Section 11. In 1875, Maurice and Marie had a second son, Jean Maurice, Jr.

At the center of his tract of land, Maurice built a home and store near a grove of trees that was surrounded by a sea of grassland, tall grasses on the high prairie. Maurice's store became known as le Magasin à Maurice.

In July 1878 Maurice and Marie were declared freeholders of their land grant.

*La propriété de Maurice Villien vers le bosquet*
*Maurice Villien Homestead at the Grove*

Ce magasin rural de Maurice, devint un lieu de rassemblement et sa maison fut parfois utilisée pour les offices religieux le dimanche quand un prêtre était disponible.

Les prêtres de l'époque étaient appelés «prêtres du circuit» et parcouraient la campagne en faisant le travail missionnaire et disant la messe là où les gens se rassemblaient.

Devant la nécessité d'avoir un lieu de culte, Maurice, qui était à présent un homme d'affaire prospère et respecté, fit don de terrains afin de faire construire une église.

Maurice's rural store became a gathering place and his home was occasionally used for Sunday church services when a priest was available.

Priests during that time were called "Circuit-Riding Priests" and would travel the countryside doing missionary work and would hold mass where people congregated.

Maurice, now a businessman of means, decided to build a church and donate land for that purpose.

*Offices religieux chez Maurice et Marie Villien*
**Church services were held at the home of Maurice and Marie Villien**

Les habitants de Broussard Cove étaient favorables à son idée de construire une église pour cette région. Mais il a fallu des années avant que cela n'arrive.

Broussard Cove était le nom courant de la subdivision politique de Ward Four, située à l'angle nord-est de la paroisse de Vermilion. On y trouvait une forte concentration de familles Broussard toutes descendantes, de Jean-Francois Brossard qui portait le surnom «dit Beausoleil».

The people of Broussard Cove were supportive of his idea of building a church for this area. But it would take years before that would happen.

Broussard Cove was the common name for the political subdivision of Ward Four, located in the northeast corner of Vermilion Parish. It was noted for a large concentration of Broussard families originating from their progenitor, Jean-Francois Brossard who carried the nickname "dit Beausoleil".

VILLIEN

*Maurice Villien promit de construire une église*
*Maurice Villien promised to build a church*

Maurice n'était pas seulement un homme d'affaires mais un visionnaire. Il avait de grands projets pour une communauté.

Le premier projet fut de redessiner les sentiers sinueux des chariots qui sillonnaient la prairie. Ce plan proposait de nouvelles routes formant un quadrillage de blocs et de lots. Mais, son plan pour utiliser la limite de la section comme une rue principale avait besoin de la collaboration du propriétaire adjacent. Le propriétaire adjacent dédierait la moitié de l'emprise et partagerait l'entretien de la nouvelle route.

Maurice was not only a business man but a visionary. He had grand plans for a community.

The first plan relocated meandering wagon trails that criss-crossed the prairie. That plan proposed new roads that formed a grid pattern of blocks and lots. But, his plan for using the section boundary as a Main Street needed collaboration by the adjacent owner. The adjacent owner would dedicate one half of the right-of-way and share maintenance of the new road.

VILLIEN

Maurice s'associa à une autre visionnaire et femme d'affaires, Corine Broussard. Ensemble, ils décidèrent d'élargir la disposition et le quadrillage des lots adjacents à la limite commune des sections 11 et 12. Cette limite nord-sud devint la rue principale, aujourd'hui l'avenue Maurice (route U.S. 167).

En janvier 1885, ils annoncèrent dans le journal qu'ils allaient construire une petite ville et, en peu de temps, ils commencèrent à commercialiser avec succès leurs nouveaux lotissements. Il poursuit sa quête d'urbaniste en obtenant la nomination d'une importante commission publique. En 1896, Maurice Villien, C.-B. Broussard, Dupre Broussard, Guillaume Monte et John Clark, père, ont été nommés pour faire partie d'un jury de propriétaires fonciers afin de tracer et d'aménager des voies publiques près de la communauté.

Alors que les gens ont commencèrent à acheter des lots dans la nouvelle communauté, celle-ci devint connu sous le nom de Mauriceville.

Maurice joined into partnership with another visionary and businesswoman Corine Broussard. Together, they agreed on expanding the layout and grid pattern of lots flanking the common boundary of Sections 11 and 12. That north-south boundary became the main street, today it is Maurice Avenue (U.S. Highway 167).

In January 1885, they announced, in the newspaper that they were going to build a small city and in a short span of time, together, they began to market their newly formed town lots with great success. He continued his quest as a city planner by securing appointment to an important public commission. In 1896, Maurice Villien, C.S. Broussard, Dupre Broussard, Guillaume Monte, and John Clark, Sr. were appointed to serve on a jury of Freeholders to trace and lay out public roads near the community.

As people began to buy lots in the new community it became known as Mauriceville.

VILLIEN

*Maurice Villien et Corine Broussard projettent de construire une nouvelle ville*
*Maurice Villien and Corine Broussard plan to build a new city*

Maurice tint sa promesse de construire une église pour les gens de la région. Dans son plan pour la communauté, il donna dix acres de terre. En 1886, il fit construire une église et un presbytère pour un prêtre. Selon tous les témoignages, l'église, La Chapelle à Maurice, fut l'un des tous premiers édifices du nouveau village. En 1889, l'archidiocèse de la Nouvelle-Orléans accepta la donation de Maurice de l'église, du presbytère et de dix acres de terre. Elle a été officiellement nommée Eglise de St. Alphonse à Mauriceville.

C'est peut-être cette institution qui fut le plus grand catalyseur de la fondation de cette communauté.

Maurice kept his promise to build a church for the people of the area. Within his plan for the community, he donated ten acres of land. By 1886, he constructed a church and a rectory for a priest. By all accounts, the church, La Chapelle à Maurice was one of the very first structures in the new village. In 1889, the Archdiocese of New Orleans accepted Maurice's donation of the church, the rectory and ten acres of land. It was officially named Eglise de St. Alphonse à Mauriceville.

Perhaps it is this institution that was the greatest catalyst in the founding of this community.

VILLIEN

*Maurice Villien a achevé la première église et le presbytère en 1886 Église Catholique St. Alphonse*
**Maurice Villien completed the first church and rectory in 1886 St. Alphonsus Catholic Church**

En 1894, Maurice déplaça son magasin général du site du bosquet pour l'installer sur l'avenue Maurice. Le magasin de Maurice fut le premier commerce de la ville, et son fils, le docteur Joseph Villien établit son cabinet médical à côté du magasin. Par la suite, un grand magasin a été construit à quelques pâtés de maisons. Albert Benedict Broussard a construit un grand bâtiment de deux étages avec sa résidence adjacente. On l'appela le magasin Broussard et plus tard il fut appelé le magasin général Broussard-Picard.

Ces commerces ont immédiatement connu du succès et desservaient une zone beaucoup plus grande que celle de Broussard Cove. Les deux magasins de Mauriceville desservaient la paroisse nord-est de Vermilion et des parties des paroisses de Lafayette et Saint Martin.

By 1894 Maurice had relocated his general store from the site at the grove to Maurice Avenue. Le Magasin à Maurice was the very first business in town and his son, Dr. Joseph Villien established his medical office adjacent to the store. Subsequently, a large mercantile was constructed a few blocks away. Albert Benedict Broussard constructed a large two story building with his residence adjacent to it. It was called the Broussard Store and later named the Broussard-Picard General Store for the managing partners Ada and Tee-Camille Broussard who joined with Marie Leonie and Adonis Picard.

These businesses were immediately successful and served an area much larger than Broussard Cove. The two stores of Mauriceville served northeast Vermilion Parish and portions of Lafayette and Saint Martin Parishes.

VILLIEN

*Le «Magasin de Maurice», premier commerce sur Maurice Avenue*
*The "Store at Maurice" (Magasin à Maurice), first commerce on Maurice Avenue*

Maurice s'est engagé dans le commerce tout au long de sa vie dans le sud de la Louisiane, et en 1894, à l'âge de 63 ans, il continua d'être un marchand et planteur du secteur 4.

Sa biographie a été présentée dans «History of Louisiana» d'Alcée Fortier, un ouvrage biographique et historique complet sur les villes, les chefs d'entreprise et les politiciens.

Malgré ses contributions et actes charitables dans tout le village de Maurice, ses efforts pour construire une petite ville n'étaient pas encore achevés.

Maurice engaged in merchandising throughout his life in south Louisiana, and by 1894, at the age of 63, he continued to be a successful energetic merchant, dairyman and planter of Ward 4.

His biographical was presented in Alcée Fortier's "History of Louisiana", a comprehensive biographical and historical documentation of cities, towns, business leaders and politicians.

Although his contributions and charitable acts were manifested throughout the Village of Maurice, his endeavor to build a small city was not yet complete.

VILLIEN

*Maurice Villien dans le «Magasin à Maurice»*
*Maurice Villien in the "Store at Maurice" (Magasin à Maurice)*

En 1895, Maurice demanda d'établir un bureau de poste dans son magasin à Mauriceville. Il fut donc nommé maître de poste après avoir obtenu l'autorisation. Le service postal des Etats-Unis exigea qu'il donne un nom pour le bureau postal.

C'est alors qu'avec retenue et manque d'émotion qu'il répondit à l'agent postal, « et bien, Maurice, c'est mon nom ! ».

Le nom officiel «Maurice» identifia alors le bureau de poste, cependant, les résidents de la région se référaient de façon interchangeable à la communauté comme Maurice et Mauriceville.

In 1895 Maurice filed application to establish a post office at Mauriceville. He was appointed post master after receiving approval to establish a post office within his store. The U.S. Postal Department required that he provide a name for the postal station.

It was then, he was characterized by restraint and lack of emotion in his response to the postal agent, "well, Maurice, that's my name !".

The official name "Maurice" identified the post office, however, area residents referred interchangeably to the community as Maurice and Mauriceville.

VILLIEN

*Le bureau de poste dans le «Magasin à Maurice», 1895*
***Post Office in the "Store at Maurice" (Magasin à Maurice), 1895***

En 1877, il y avait deux écoles dans le quatrième secteur. Un, chez Lazard Broussard et l'autre, chez David Meaux. L'année suivante, l'école fut chez Jean Treville Broussard. La première école Broussard Cove était chez Joseph Clark en 1885.

En 1899, la première école de Mauriceville était sur un terrain donné par Maurice Villien. Elle s'appelait l'école de Maurice. L'école était située près d'Indian Bayou Road et State Street (aujourd'hui l'avenue Chief H. Fred Broussard). Le premier directeur de cette école était Telesmar Delcambre, suivi de René T. Broussard.

Maurice mourut au printemps 1902, sans être témoin de son ambition de créer une ville. Cependant, son fils aîné, le Dr Joseph A. Villien a réalisa son rêve. En décembre 1911, le village de Maurice a été officiellement crée et il est devint le premier maire.

En 1914, l'école de Maurice a été détruite par un incendie, mais cela n'a pas découragé une enseignante, Mademoiselle Kate Young, de lancer la première équipe de basketball féminine. L'année suivante, un nouveau bâtiment a remplacé le bâtiment brulé.

In 1877 there were two schools in the Fourth Ward. One at Lazard Broussard's and one at David Meaux's. The following year the school was at Jean Treville Broussard's place. The first Broussard Cove School was at Joseph Clark's in 1885.

In 1899 the first School, in Mauriceville was on land donated by Maurice Villien. It was called Maurice's School. The school was on a tract near Indian Bayou Road and State Street (now Chief H. Fred Broussard Avenue). The first principal of that school was Telesmar Delcambre and Rene T. Broussard followed.

Maurice died in the spring of 1902, without witnessing his quest to incorporate a city. However, his eldest son, Dr. Joseph A. Villien fulfilled the dream. In December of 1911, the Village of Maurice was officially incorporated and he became the first mayor.

In 1914, Maurice's School was destroyed by fire, but did not deter a teacher, Miss Kate Young from starting the first girls basketball team. The following year a new building replaced the burned structure.

*L'école de Maurice, 1899*
*Maurice School, 1899*

En 1926, l'école Maurice fut déplacée sur Albert Street sur un terrain acheté à Corine Broussard. Le bâtiment élémentaire déménagea sur un nouvel emplacement et un nouveau lycée fut construit.

Beaucoup de gens dans la communauté se souviennent du défilé d'élèves participant à la «grande marche». Les élèves furent escortés de la vieille école à travers le cimetière et la cour de l'église jusqu'à la nouvelle école. Monsieur U.Z. Baumgardner devint directeur de la nouvelle école. L'école a été inscrite sur la liste de Louisiana High School en 1927.

In 1926 the Maurice school was relocated to Albert Street on land purchased from Corine Broussard. The elementary building was moved to the new location and a new high school building was constructed.

Many people throughout the community remember the parade of students participating in the "grand march". Students were escorted from the old school through the cemetery and church yard to the new school. Mr. U.Z. Baumgardner became principal of the new school. The school was placed on the Louisiana High School list in 1927.

VILLIEN

*L'école élémentaire de Maurice, 1926.*
*Les élèves et enseignants participent à la Grande Marche*
*Maurice Elementary, 1926.*
*Students and Teachers participated in a Grand March*

En 1928, eut lieu la première cérémonie de remise des diplômes du secondaire sur le perron du bâtiment élémentaire. Edes Clark et Beulah McDonald furent les premiers diplômés de l'école.

La cérémonie de remise des diplômes comporta un discours de bienvenue de Mademoiselle Clark et un discours de préparation de Mademoiselle McDonald. L'allocution d'ouverture fut prononcée par l'honorable Walter J. Burke, éminent politicien et avocat de la Nouvelle-Ibérie qui siégea au Conseil d'État de l'éducation et dont le nom est honoré à Burke Hall à l'Université de Southwestern Louisiana.

In 1928, on the front porch of the elementary building, the first high school graduation ceremony took place. Edes Clark and Beulah McDonald were the first graduates of the school.

The graduation ceremony entailed a welcoming address by Miss Clark and a preparedness address by Miss McDonald. The commencement address was delivered by the Honorable Walter J. Burke, a prominent New Iberia politician and lawyer who served on the state Board of Education and whose name is memorialize in Burke Hall at the University of Southwestern Louisiana.

*Les premiers diplômés du lycée de Maurice, 1928*
*Edes Clark and Beulah McDonald*
*First Maurice High School Graduates, 1928*
*Edes Clark and Beulah McDonald*

A cette époque, les Noirs ne fréquentaient pas l'Ecole Maurice. Ils fréquentèrent une école privée composée d'une pièce située à l'ouest de la communauté, sur un terrain appartenant à D. D. Anderson. Cette école s'appelait "l'école de couleur". Une école publique fut plus tard construite pour les Noirs au sud de Maurice près de Fuselier et de la route La Côte. L'école s'appelait Southside Maurice Elementary.

Mais en 1969, suite aux lois contre la ségrégation, Evelyn Thibeaux, fut la première noire à recevoir un diplôme à l'Ecole Maurice.

It was a sign of the times that Blacks did not attend the Maurice School. They attended a private one room schoolhouse located west of the community, on land owned by D.D. Anderson. That school was called the "Colored School". A public school was later built for the blacks south of Maurice near Fuselier and La Cote Road. The school was called Southside Maurice Elementary.

In 1969 the Maurice School was desegregated and Evelyn Thibeaux became the first black graduate.

VILLIEN

*Ecole de couleur Maurice*
*Maurice Colored School*

En 1902, les paroissiens de Saint-Alphonse décidèrent de construire une nouvelle église à la place de l'édifice en mauvais état construit en 1886. Encore une fois, Maurice Villien, peu avant sa mort cette année-là, fournit les ressources pour construire un nouveau bâtiment. La nouvelle église fut achevée en 1906. A cette date, la population de l'église avait atteint les 3000 personnes.

Le 21 septembre 1909, le Père Chambon écrivit, en français, une lettre à l'archevêque J. H. Blenk, un mariste, lui disant qu'il avait de mauvaises nouvelles: «La nuit dernière, un ouragan a gravement endommagé mon église et les autres bâtiments ...» L'ouragan causa d'importants dégâts et des réparations furent effectuées rapidement, mais un autre ouragan en 1916 provoqua plus de dégâts que précédemment. L'église St. Alphonsus servit d'église temporaire jusqu'à la construction d'une nouvelle église.

In 1902, parishioners of Saint Alphonsus decided to construct a new church in place of the deteriorating building constructed in 1886. Again Maurice Villien, shortly before his death in that year, provided the means to build a new building. The new church was completed in 1906. By this date, the church population had grown to 3000 persons.

On September 21, 1909, Father Chambon wrote, in French, a letter to Archbishop J. H. Blenk, a Marist, telling him he had bad news: "Last night a hurricane badly damaged my church and the other buildings…" The hurricane caused significant damage and repairs were promptly made, but another hurricane in 1916 incurred greater damage than before. St. Alphonsus church hall served as a temporary church until a new church was constructed.

VILLIEN

*Maurice Villien et la seconde église catholique St. Alphonse, 1906*
*Maurice Villien and the second St. Alphonsus Catholic Church, 1906*

Au tournant du siècle, la nouvelle ville commença à attirer des résidents autres que les familles Villien et Broussard. Les noms de famille de Granger, Vincent, Arceneaux, Pelletier, Hernandez et Smith furent quelques noms quelques propriétés adjacentes de la région.

En peu de temps, les noms de famille qui apparurent sur les registres d'église et des commerces devinrent les noms associés à cette communauté. Parmi ces noms de famille, certains sont encore familiers pour nous aujourd'hui, comme :
Bacque, Baudoin, Baumgardner, Carmier, Catalon, Chargois, Clark, Comeaux, Dartez, Dronet, Duhon, Hebert Lalande, Landry, LeBlanc, Leger, Meaux, Montet, Mouton, Nugent, Picard, Trahan and Vincent.

Around the turn of the century, as the new town began to attract residents, surnames other than Villien and Broussard, could be found living in the village. Early surnames such as Granger, Vincent, Arceneaux, Pelletier, Hernandez and Smith were names of a few adjacent homesteads.

However, in a short span of time, family names that appeared on church and store ledgers were surnames that became associated with this community. A short list of surnames familiar to us today, are:
Bacque, Baudoin, Baumgardner, Carmier, Catalon, Chargois, Clark, Comeaux, Dartez, Dronet, Duhon, Hebert, Lalande, Landry, LeBlanc, Leger, Meaux, Montet, Mouton, Nugent, Picard, Trahan and Vincent.

*Registre des noms dans le «Magasin à Maurice», 1896*
*Ledger names in the "Store at Maurice" (Magasin à Maurice), 1896*

En 1911, l'année de l'incorporation du Village de Maurice, des établissements commerciaux commencèrent à apparaître le long des carrefours du village. Le Magasin à Maurice devint bientôt Villien Brothers et Broussard Store devint bientôt Broussard-Picard alimentation générale.

Les décennies suivantes virent naître nombreux autres établissements commerciaux au village. De nombreux résidents dépendaient de commerces et d'entreprises agricoles, comme l'égreneuse à coton Maurice, le moulin à riz Trahan, le moulin à riz LeBlanc, la laiterie LeBlanc, la forge Abraham et Saul et la forge de Dronet.

Le rêve de Maurice Villien de construire une petite ville se réalisa pleinement lorsque de nombreuses autres entreprises apparurent, comme le cabinet médical des Dr. Villien, Mouton & Trahan, l'alimentation générale C.A. LeBlanc, l'épicerie Catalon, le bar de la Cité, l'épicerie Lannes Comeaux, le Salon Mayo Comeaux, le garage Maurice, la banque Maurice, la pharmacie Mouton, l'épicerie Will, le magasin d'électroménagers Raymond. Le bar T-Coon d'Odeus Luquette, la station-service de Port & Gladys Broussard, la station-service de Coon's de Savy Duhon, Dixie AutoLec de Ducre Broussard, Sport's Auto Repair d'Edward Hebert, et le bar de Main Street de Sammy et Doug Picard.

By 1911, the year the Village of Maurice became incorporated, business establishments were starting to appear along the village crossroads. Le Magasin à Maurice would soon become Villien Brothers. Also, Broussard Store would soon become Broussard – Picard General Merchandise.

The ensuing decades brought many more commercial establishments to the village. Many residents relied on trades and businesses surrounding agriculture, such as, the Maurice Cotton Gin, Trahan Rice Mill, LeBlanc Rice Mill, LeBlanc's Dairy, Abraham et Saul's Blacksmith and Dronet Blacksmith.

Maurice Villien's dream to build a small city was profoundly realized as many more businesses appeared, such as, Doctors Villien, Mouton, and Trahan, C.A. LeBlanc General Merchandise, Catalon Grocery, City Bar, Lannes Comeaux's Grocery, Mayo Comeaux's Lounge, Maurice Garage, Maurice Bank, Mouton Drugstore, Will's Grocery, Raymond's Appliance. Odeus Luquette's T-Coon's Bar, Port & Gladys Broussard's Service Station, Savy Duhon's Coon's Service Station, Ducre Broussard's Dixie AutoLec, Edward Hebert's Sport's Auto Repair, and Sammy & Doug Picard's Main Street Bar.

VILLIEN

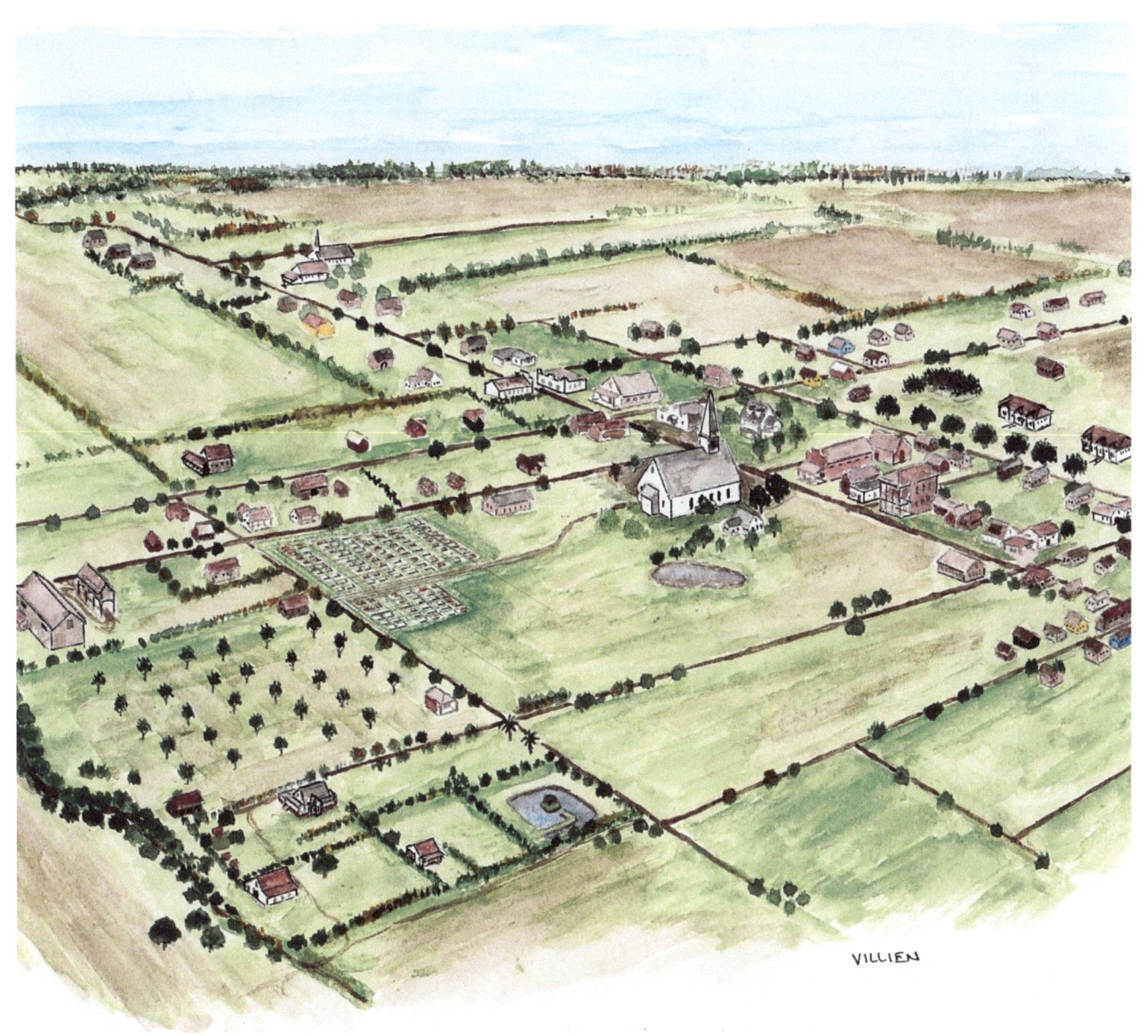

*Le Village de Maurice, 1910-1920*
*The Village of Maurice, 1910-1920*

La tempête de 1916 obligea les paroissiens de Saint-Alphonse à assister aux offices dans la salle paroissiale.

Sous la direction du Père Laroche et grâce à l'engagement des paroissiens, ils organisèrent une collecte pour une nouvelle église. Ce fut pendant des périodes difficiles pour les fermiers et le début de la Première Guerre Mondiale. Mais les kermesses de l'église et un prêt ont contribué à réunir les fonds nécessaires.

Les nouveaux matériaux de construction furent fournis par P.U. Broussard d'Abbeville, et le bois récupéré de l'ancienne église fut utilisé pour la construction. La difficulté pour trouver des ouvriers et des transporteurs entravèrent la construction. Cependant, durant la fête de Pâques, la troisième église Saint-Alphonse fut achevée en mai 1918.

The storm of 1916 required Saint Alphonse parishioners to attend service in the church hall.

Under the leadership of Father Laroche and a commitment by parishioners, they successfully championed fund raising for a new church. This was during hard times for farmers and the start of the "Great War" (World War I). But church fairs and a loan prevailed in meeting financial needs.

New building materials were furnished by P.U. Broussard of Abbeville, and good lumber salvaged from the old church was used for construction. Difficulty in finding workers and carriers hampered construction, however, during the feast of Easter, the third St. Alphonsus Church was completed by May 1918.

*La troisième èglise catholique St. Alphonse, 1918*
*The third St. Alphonsus Catholic Church, 1918*

En 1895, Jean Treville Broussard, un homme d'affaires de Lafayette, construisit un magasin de marchandises diverses à moins de deux cents pieds au sud du Magasin à Maurice. Une forte concurrence entre les deux magasins s'ensuivit au cours des décennies suivantes. Le magasin Broussard était dirigé par Albert Benedict Broussard.

Maurice Villien, dit «Pépère» dans sa famille, dirigea Le Magasin jusqu'à sa mort en 1902, son épouse Marie «Mémère» continua à gérer l'affaire avec l'aide de son fils, le Docteur J.A. Villien jusqu'en 1916, lorsque l'entreprise devint Villien Brothers, Inc. Les enfants du Docteur Villien prirent ensuite pris possession de l'affaire.

Jean "Tee" Camille Broussard et Adonis Picard achètent le Broussard Store et changea le nom en Broussard-Picard General Merchandise vers 1917.

In 1895 Lafayette businessman Jean Treville Broussard constructed a general merchandise store less than two hundred feet south of Le Magasin à Maurice. Robust competition between the two stores ensued through the next several decades. The Broussard Store was managed by Albert Benedict Broussard.

Maurice Villien, known as "Pépère" to family, managed Le Magasin until his death in 1902, his wife Marie "Mémère" continued to manage the business with assistance from her son, Doctor J.A. Villien until 1916 when the business became Villien Brothers, Inc. Doctor Villien's children later took possession of the business.

Jean "Tee" Camille Broussard and Adonis Picard purchased the Broussard Store and changed the name to Broussard-Picard General Merchandise around 1917.

*L'avenue Maurice 1916 - 1920*
*(Gauche-Droite) le magasin général des Villien, le cabinet du Bureau du du Dr. J.A. Villien,*
*La maison de Maurice et Marie Villien, la banque Maurice,*
*le magasin général Broussard-Picard*

*Maurice Avenue 1916 - 1920*
*(Left-Right) Villien Brothers General Merchandise, Doctor J.A. Villien's Office, Home of Maurice and Marie Villien, Maurice Bank, Broussard-Picard General Merchandise*

Les catholiques noirs n'avaient pas encore leur propre église ici. Ils fréquentaient soit à Saint-Alphonse à Maurice, soit ils assistaient aux offices à l'église St. Benedict the Moor à Duson.

En 1946, l'évêque Jeanmard du diocèse de Lafayette approuva un comité, composé principalement de résidents noirs de Maurice, afin de trouver une parcelle de terrain adaptée à la construction d'une église réservée exclusivement aux paroissiens noirs de Maurice. Cette année-là, le comité acheta une parcelle de terre de Dorice "Doone" Catalon pour la construction d'une nouvelle église appelée église catholique St. Joseph. Le bâtiment était une chapelle de l'armée américaine reconditionnée et déplacée ici depuis le Camp Claiborne à Alexandrie. Un bâtinent plus récent occupe le site c'est un des èléments caractéristiques importants lorsque les visiteurs entrent dans le village par le nord.

Black Catholics did not have their own church here. They either attended St. Alphonse in Maurice; or they attended St. Benedict the Moor Church in Duson.

In 1946, Bishop Jeanmard of the Lafayette Diocese approved a committee, consisting of mostly Black residents of Maurice, to find a parcel of land suitable for building a church exclusively for black parishioners in Maurice. In that year, the committee purchased a parcel of land from Dorice "Doone" Catalon for the construction of a new church to be named St. Joseph Catholic Church. The building was a re-conditioned U.S. Army Chapel moved here from Camp Claiborne in Alexandria. A newer structure occupies the site today and is a prominent feature as visitors enter the village from the north.

VILLIEN

***Dorice "Doone" Catalon***
***L'église catholique St. Joseph et l'épicerie Catalon, 1946***
***St. Joseph Catholic Church and Catalon Grocery, 1946***

Alors que le village de Maurice se développait au cours du siècle dernier, quatre services importants ont fait de la communauté un lieu de vie sûr et réussi. L'école, le service des pompiers, l'administration municipale et le service postal se sont avérés d'une importance vitale.

Depuis 1899, l'école a fourni une éducation à des milliers d'enfants. Elle a d'abord été appelée «Maurice Elementary and High School», avant de devenir la «Cecil Picard Elementary», afin d'honorer un fils natif et l'un des plus vénérés contributeurs de l'Etat au système éducatif. L'École Secondaire de Maurice n'existe plus et a fusionné avec les écoles «Indian Bayou», «Leroy» et «Meaux» pour devenir l'école secondaire «North Vermilion» en 1980 et elle est situé au sud du village.

As the village of Maurice expanded during the last century, four important services have made the community a successful and safe place to live. The school, the fire department, the city administration and the postal service have proven to be vitally important.

Since 1899, the school has provided education to thousands of children. It was first called Maurice Elementary and High School, but now called Cecil Picard Elementary, honoring the name of a native son and one of the state's most revered contributors to the educational system. Maurice High School no longer exists and was merged with Indian Bayou, Leroy and Meaux schools to become North Vermilion High School in 1980 and it is located south of the village.

VILLIEN

*Maurice School*

*Cecil Picard Elementary School*

*North Vermilion High School*

Les incendies de maisons furent extrêmement rares à Maurice, mais en 1967, deux maisons ont intégralement brûlé. Les hommes de la communauté se sont alors regroupés pour former un service de pompiers entièrement volontaire qui était initialement alimenté par des systèmes d'eau potable.

La création du département est attribuée à Wallace Broussard, à Golden Landry, à Fidney Trahan et à Lester Gauthier qui ont organisé la première réunion. Carroll Comeaux, Paul Ray Landry, Claude Broussard, A. Bruce Mouton, Johnny Picard, Will Broussard, Nason Trahan, Sammy Picard, Matthew Trahan, Perry Stelly et Raymond Broussard ont également assisté aux premières rencontres.

House fires were extremely rare in Maurice, however two homes incurred total losses in 1967. Men of the community joined together to form an all volunteer fire department which initially was serviced by potable water systems.

The origin of the department is credited to Wallace Broussard, Golden Landry, Fidney Trahan and Lester Gauthier who called the first meeting. Initial meetings were also attended by Carroll Comeaux, Paul Ray Landry, Claude Broussard, A. Bruce Mouton, Johnny Picard, Fred Broussard, Will Broussard, Nason Trahan, Sammy Picard, Matthew Trahan, Perry Stelly and Raymond Broussard.

VILLIEN

*Le service de pompiers volontaires de Maurice*
*Maurice Volunteer Fire Department*
*(Gauche-Droite) (Left-Right)*
*Fred Broussard, Claude Broussard, Wallace Broussard,*
*Carrol Comeaux, Ray Landry, Golden Landry*

Les administrateurs de la ville ont œuvré pour protéger la santé, la sécurité et le bien-être de ses citoyens depuis leur constitution le 27 décembre 1911. Au cours des 106 ans d'histoire du village, sept maires se sont succédés.

Depuis janvier 1912, le Docteur Joseph A. Villien, le Docteur Carrol Mouton, le Docteur Harold Trahan, Corbette LeBlanc, Barbara Picard, Bob Ferguson et Wayne Theriot ont été maires.

Le village n'a pas en d'hôtel de ville jusqu'en 1969. Jusqu'à là, le conseil municipal a tenu ses réunions à l'école Maurice de 1911 à 1920, puis au «Woodmen of the World Hall» ou dans l'immeuble de bureaux Ernest Trahan de 1920 à 1969.

Town administrators have served to protect the health, safety and welfare of its citizens since incorporation on December 27, 1911. Throughout the Village's 106 year history there have been seven mayors who have served.

Since January 1912, Doctor Joseph A. Villien, Doctor Carrol Mouton, and Doctor Harold Trahan, Corbett LeBlanc, Barbara Picard, Bob Ferguson, and Wayne Theriot have served as mayor.

The village did not have a city hall until 1969. Therefore, the Board of Aldermen held meetings in the Maurice School from 1911 to 1920, and in both the Woodmen of the World Hall and the Ernest Trahan Office Building from 1920 to 1969.

*Mayors of Maurice 1912-2018*
*(Gauche-Droite) (Left-Right)*
*Dr. J.A. Villien, 1912; Dr. Carroll J. Mouton, 1928; Corbette A. LeBlanc, 1962;*
*Dr. Harold G. Trahan, 1949; Barbara L. Picard, 1982; Robert H. Ferguson, 2007;*
*Wayne E. Theriot, 2011*

Le bureau de poste a été un service très important pour la communauté depuis 1895, lorsque Maurice Villien devint le premier postier et qu'il installa le bureau de poste dans son magasin de marchandises diverses.

Le Dr. Joseph A. Villien, Cyprien Trahan et Robert "Bob" Trahan furent les postiers successifs jusqu'en 1982.

The post office has been a very important service to the community since 1895 when Maurice Villien became the first postmaster and brought the service into his general merchandise store.

Dr. Joseph A. Villien, Cyprien Trahan and Robert "Bob" Trahan followed as postmasters until 1982.

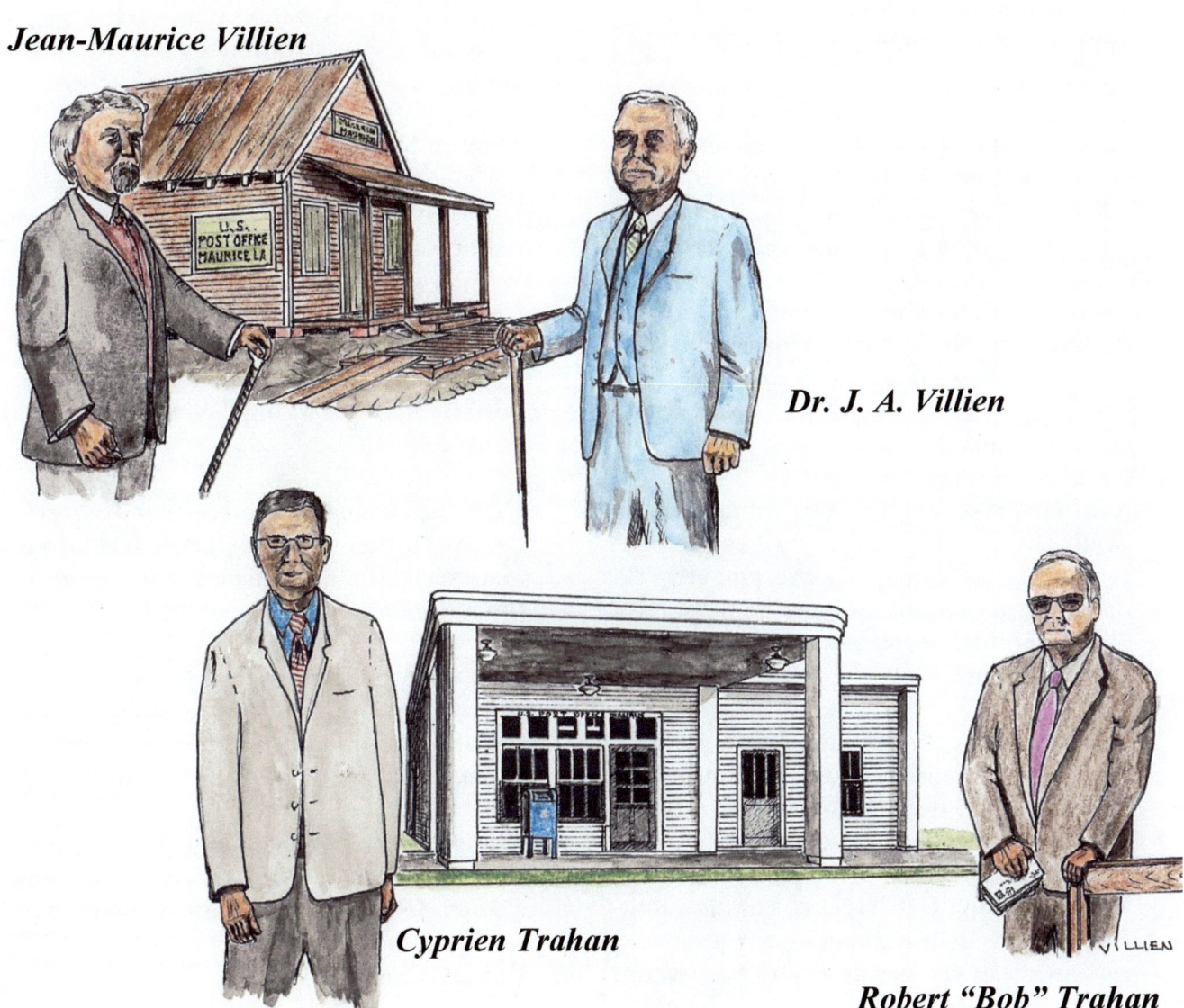

L'histoire du village ne serait pas complète sans mentionner quelques noms qui ont apporté une notoriété nationale et internationale au village.

Bien que Maurice Villien ne rencontra jamais ces personnalités qui ont contribué à la renommée de ce village, il aurait été très fier de connaître leurs réalisations.

Cecil Picard, un sénateur d'état et surintendant de l'éducation qui a soutenu de nombreuses initiatives de réforme de l'éducation visant à améliorer l'éducation en Louisiane;

Kent Desormeaux, trois fois vainqueur du Kentucky Derby, membre du Temple de la renommée des courses de chevaux et détenteur du record national du plus grand nombre de courses remportées en une seule année;

Alex Caldwell, créateur des sacs à main de renommée mondiale Vivian Alexander Fabergé et qui tient toujours une vaste galerie et un musée près de Maurice;

Widley «Soop» Hebert, et sa famille – sont connus à l'échelle nationale pour leurs restaurant et viandes désossées farcies au poulet, leur turducken et leur spécialités à la viande de l'affaire familiale, Hebert Meats.

Village history is not complete without the mention of a few names that have brought national and international notoriety to the village.

Though Maurice Villien would never meet these personalities that contributed to the fame of this village, he would be very proud to know of their accomplishments.

Cecil Picard, a state senator and superintendent of education who championed numerous education reform initiatives aimed at improving education in Louisiana;

Kent DesOrmeaux, a three-time Kentucky Derby winner, a Horse Racing Hall of Fame member and holds the national record for the most races won in a single year;

Alex Caldwell, designer of the world renown Vivian Alexander Fabergé handbags and maintains an extensive gallery and museum near Maurice;

Widley "Soop" Hebert, and family – are nationally known for their restaurant and stuffed deboned chicken, turducken and specialty meats from the family market, Hebert Meats.

**Cecil Picard**

**Kent DesOrmeaux**

**Alex Caldwell**

**Widley "Soop" Hebert**

## Des Montagnes aux Prairies / From Mountains to Prairies

Maurice Villien voyagea depuis son pays natal entouré par les plus hautes montagnes de toute l'Europe jusqu'à une nouvelle patrie sur le terrain le plus bas et le plus plat de l'Amérique du Nord. Sa quête était similaire à la plupart des immigrants qui sont venus en Amérique. Il avait le désir d'être libéré de l'oppression et de découvrir de nouvelles opportunités et libertés dans ce pays. Son travail acharné et sa persévérance l'ont guidé dans les prairies du sud de la Louisiane et pour réaliser sa vision de bâtir une ville où les amis et les familles pourraient prospérer et se sentir bien.

C'était un homme d'affaires prospère, humble, calme, même tempéré qui devint ami avec chacun des clients du magasin et fit fructifier chaque acre cultivé. Sa passion pour sa foi et l'amour de son prochain ont laissé un héritage à travers toute la ville qu'il a osé construire …
«Maurice».

Maurice Villien traveled from his homeland surrounded by the highest mountains in all of Europe to a new homeland on the lowest and flattest terrain of North America. His quest was similar to most immigrants who came to America. He had a desire to be free of oppression and discover new opportunities and liberties in this country. His hard work and perseverance guided him to the prairies of south Louisiana and to fulfill his vision of building a city where friends and families could thrive and worship.

He was a humble, quiet, even tempered and successful business man who made a friend with every mercantile customer and made a profit for every acre farmed. His passion for his faith and friend of fellow man left a legacy throughout the city that he ventured to build……
"Maurice".

## *Jean-Maurice Villien a voyagé des montagnes aux prairies*
### *Jean-Maurice Villien traveled from mountains to prairies*

**Carte de Vulmis et Bourg St-Maurice**

*Map of Vulmix and Bourg St. Maurice*

**1850**

Des Montagnes aux Prairies / From Mountains to Prairies

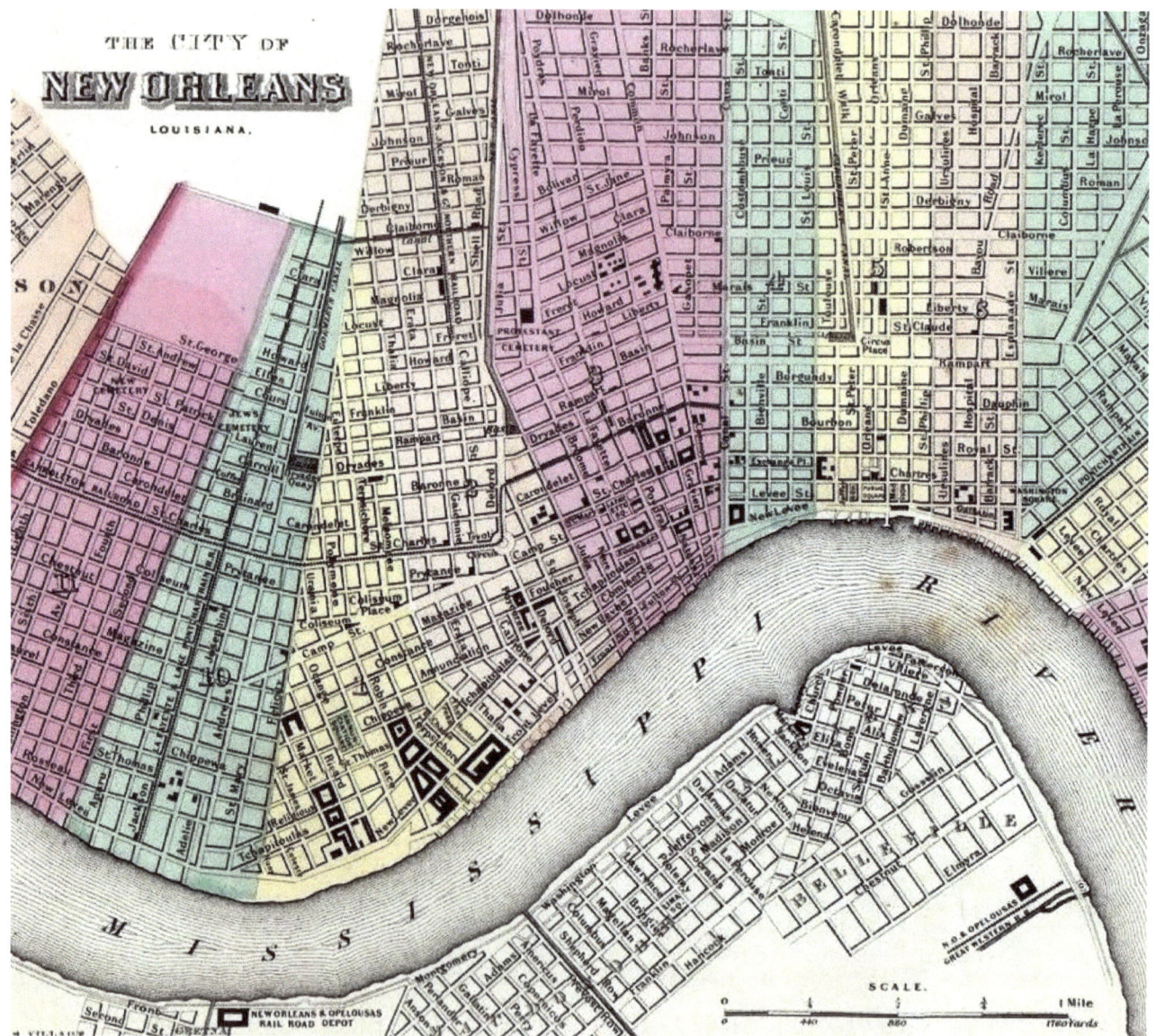

Carte de Nouvelle Orléans

Map of New Orleans

1856

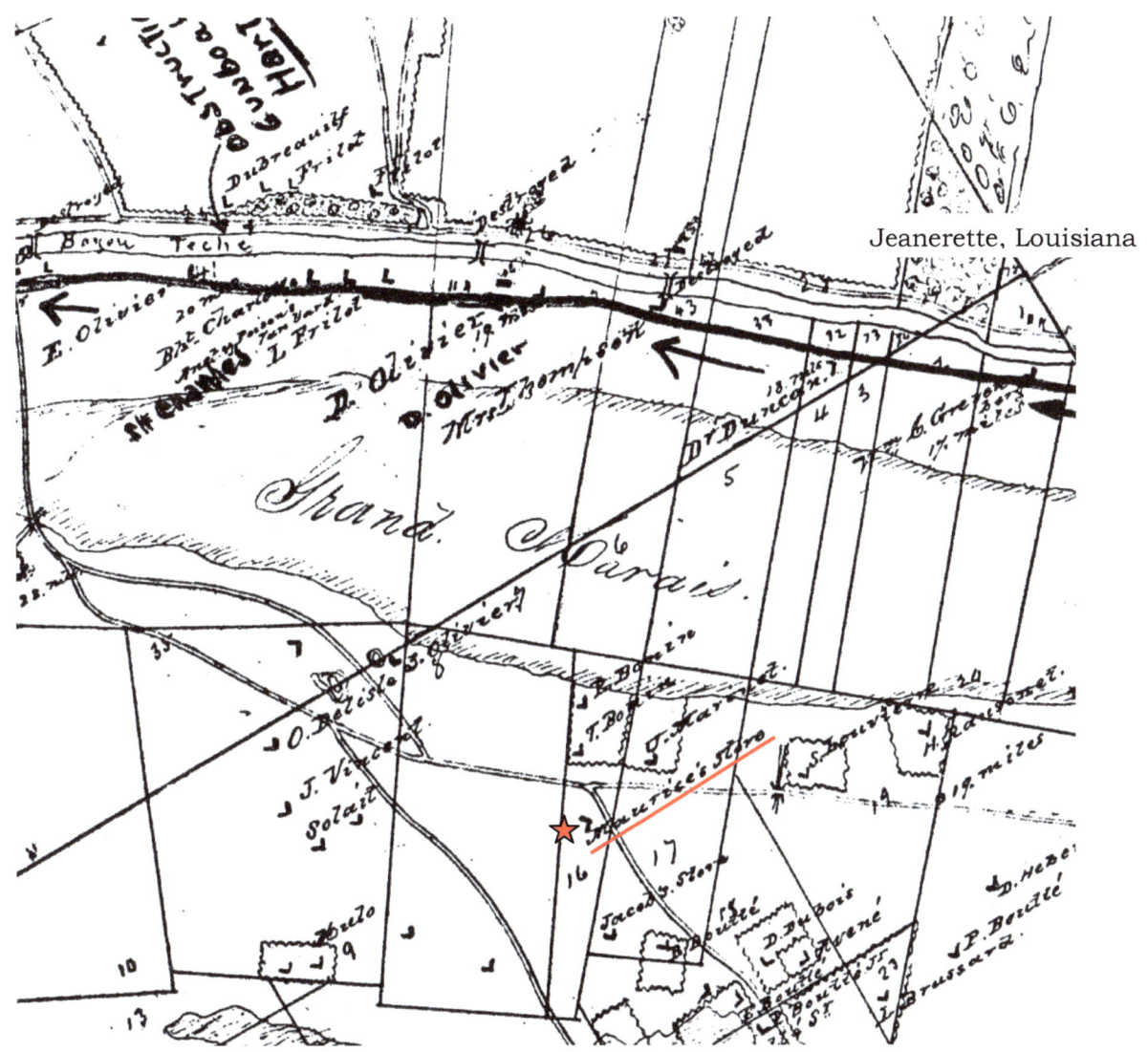

Le magasin de Maurice à L'Île Piquante
Carte de l'armée des États-Unis

Maurice's Store at L'Île Piquante
United States Army Map
1863

*Des Montagnes aux Prairies / From Mountains to Prairies*

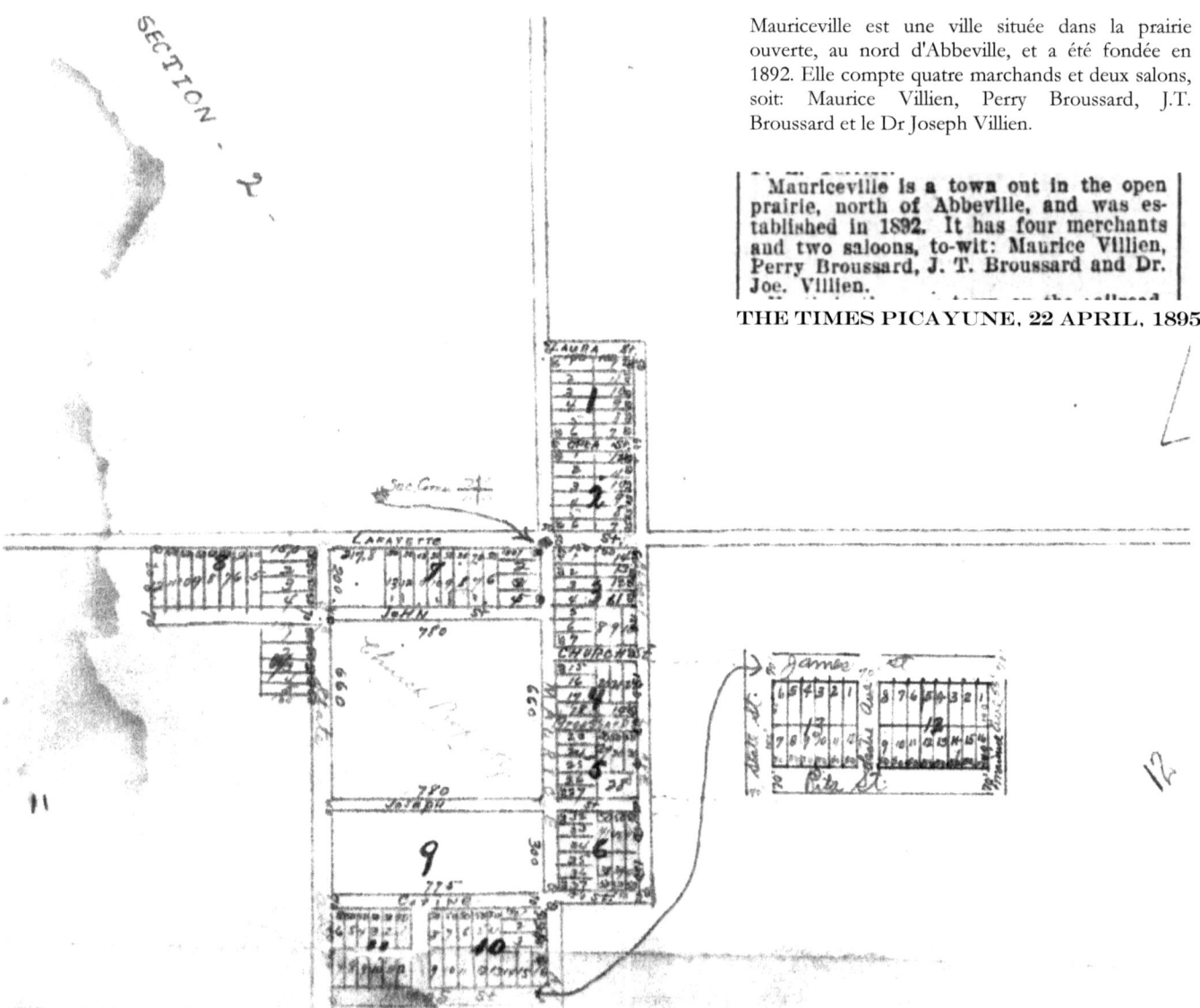

Mauriceville est une ville située dans la prairie ouverte, au nord d'Abbeville, et a été fondée en 1892. Elle compte quatre marchands et deux salons, soit: Maurice Villien, Perry Broussard, J.T. Broussard et le Dr Joseph Villien.

> Mauriceville is a town out in the open prairie, north of Abbeville, and was established in 1892. It has four merchants and two saloons, to-wit: Maurice Villien, Perry Broussard, J. T. Broussard and Dr. Joe. Villien.

THE TIMES PICAYUNE, 22 APRIL, 1895

*Premier plan de Mauriceville*

**First Plan of Mauriceville**

*1885*

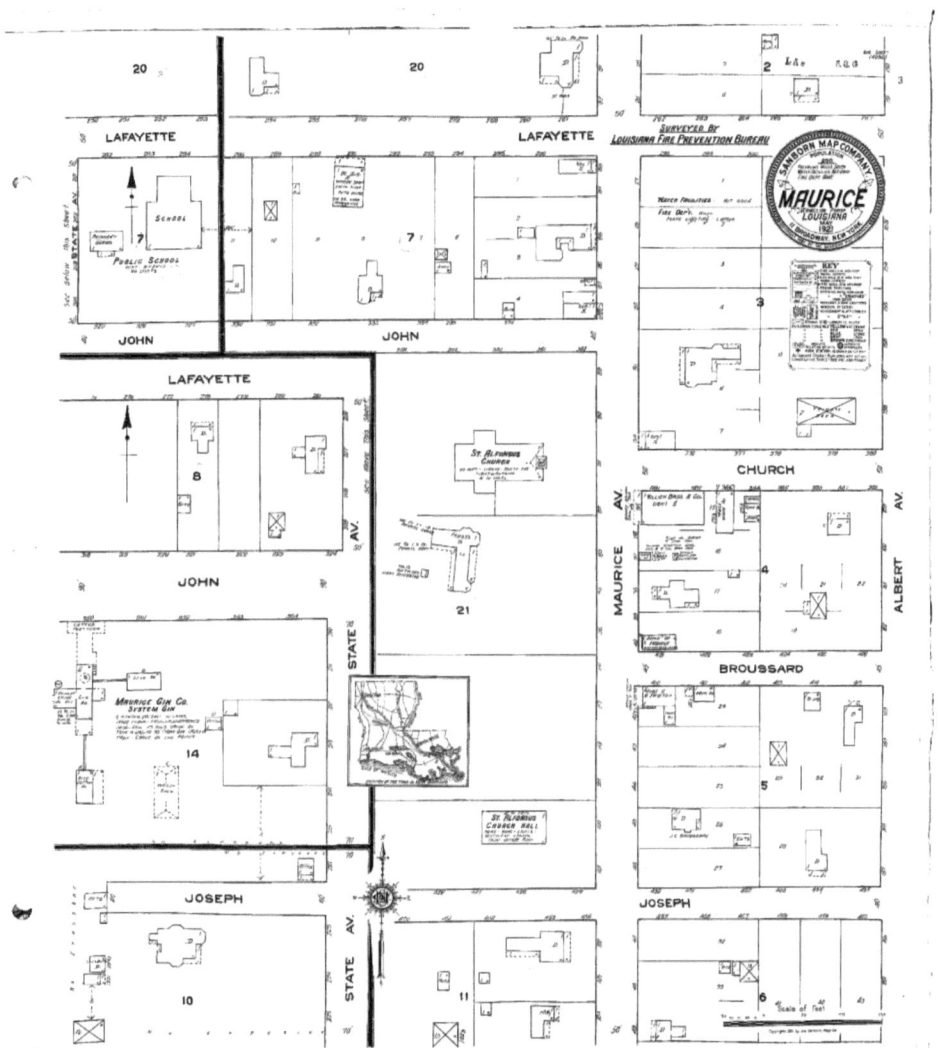

*Village de Maurice*
*Rue et bâtiment*

*Village of Maurice*
*Street and Building Layout*
*1921*

Des Montagnes aux Prairies / From Mountains to Prairies

Jean-Maurice Villien
1831 - 1902

Biographie De / Biography Of

Jean-Maurice Villien

Un jeune immigrant français prévoyait les perspectives d'une nouvelle vie sans soucis en Amérique, mais trouva tout le contraire et fut victime de prises de guerre.

L'histoire de la vie de Jean-Maurice Villien trouve son origine dans la vallée de la Tarentaise, là où la rivière l'Isère prend sa source dans les Alpes et traverse la commune de Bourg Saint Maurice dans le hameau de Vulmix dans la région francophone de Savoie. Au moment de la naissance de Jean-Maurice Villien en 1831, Bourg Saint-Maurice était dans le Royaume de Sardaigne, sous la domination de la Maison de Savoie. Cette région a été annexée à la France en 1860, et joua un rôle dans la vie de Jean-Maurice en Amérique.

Un regard dur sur les premières années de Jean-Maurice dévoile que sa vie de fils de fermier fromager n'était pas inhabituel. Son père et sa mère, Joseph-Antoine et Marie-Angélique Miédant-Gros exploitaient une ferme laitière dans les alpages sans arbre. L'expérience de Maurice en tant que jeune garçon français à Bourg-Saint-Maurice consistait principalement à recevoir une éducation, à suivre les offices à l'église de Bourg-St-Maurice et à travailler dans l'affaire familiale pour élever du bétail et produire des produits laitiers. Le fromage de Beaufort était l'un des meilleurs fromages gruyères et la Tomme de Savoie était la plus célèbre d'Europe. Ces fromages ont été fabriqués par les familles savoyardes Villien depuis près de mille ans.

A young French immigrant anticipated worry free opportunities in America, but found quite the opposite and was subjected to the spoils of war.

The life story of Jean-Maurice Villien originates in the Tarentaise Valley of the Isère River which begins in the Alps and flows through the commune of Bourg St. Maurice in the hamlet of Vulmix in the French-speaking area of Savoy. At the time of Jean-Maurice Villien's birth in 1831, Bourg St. Maurice was in the Kingdom of Sardinia, under the rule of the House of Savoy. This area, in 1860, would be annexed to France and would play a role in the life of Jean-Maurice in America.

A hard look at the early years of Jean-Maurice unveils that his life as a son of a dairyman was not uncommon. His father and mother, Josèph-Antoine and Marie-Angélique Miédant-Gros operated a dairy farm in the treeless alpine pastures. Maurice's experiences as a young French boy in Bourg St. Maurice consisted principally in obtaining an education, attending church services at l'église Bourg-St-Maurice and working with his family business raising cattle and producing dairy products. Beaufort cheese was of the finest of gruyère cheeses and Tomme de Savoie cheese was the most famous in Europe. These cheeses were the mainstay products of the Savoyard Villien families for almost one thousand years.

On sait peu de choses sur son instruction, cependant, sa calligraphie en dit long, comme l'attestent les documents ultérieurs. L'éducation formelle était le seul moyen d'enseigner la fluidité des traits de stylo glissant doucement sur une page comme des danseurs de ballet sur le papier. Tout comme sa comptabilité méticuleuse, ses registres et sa grammaire qui étaient les corollaires d'une instruction précoce. Maurice avait cinq frères et soeurs, Joseph-Etienne, Jacques-Marie, Marie Adélaide et Gaspard.

En 1855, Maurice et son frère, Joseph-Etienne, s'embarquèrent pour un voyage de trois mois depuis leur village natal. Ils quittèrent une patrie dans un contexte de lourds troubles politiques et d'incertitude avec l'espoir de trouver de nouvelles opportunités en Amérique.

Quand ils arrivèrent à la Nouvelle-Orléans en 1855, il n'y avait que 52 ans que la France avait vendu le territoire de la Louisiane aux États-Unis. Les Français avaient encore une forte présence en Louisiane et en particulier à la Nouvelle-Orléans. La ville était un géant du textile et l'un des plus grands ports en eau profonde des États-Unis. Ici, l'expérience d'éleveur de bovins de Maurice lui était peu utile.

Little is known about his education however, his penmanship speaks loudly as evidenced in later documents. Formal education would have been the only means to teach that pen strokes smoothly glide across a page as if they were ballet dancers on paper. And too, were his meticulous bookkeeping, ledgers and grammar that were byproducts of an early education. Maurice was one of five siblings, Joseph-Etienne, Jacques-Marie, Marie Adélaide and Gaspard.

In 1855 Maurice and his brother, Joseph-Etienne, embarked on a three month journey from their home place. They left a homeland that was fraught with political unrest and uncertainty for much anticipated opportunities in America.

When they arrived in New Orleans in 1855, it had been a mere 52 years after France sold the Louisiana territory to the United States. The French still had a strong presence in Louisiana and particularly New Orleans. The city was a textile giant and one of America's largest deepwater ports. There, Maurice found little in the way of utilizing his cattle farming experience.

VILLIEN

Sa résidence se trouvait peut-être dans l'une des pensions de famille du Vieux Carré, également connu sous le nom de Première Ville, qui était principalement peuplée d'étrangers français blancs. La population de la Nouvelle-Orléans était d'environ cent seize mille et ce quartier de la ville était nourri par le port fluvial très animé et à l'activité très soutenue.

Le premier emploi de Maurice dans la « ville croissant » fut cordonnier puis vendeur itinérant qui lui permit d'acquérir l'expérience nécessaire pour finalement devenir un marchand indépendant. À peu près à cette époque, son frère Joseph-Étienne périt noyé dans le fleuve Mississippi à la Nouvelle-Orléans. Au début de l'année 1861, une montée des tensions commença entre les États du sud et le gouvernement fédéral. Les États du Sud firent sécession et s'emparèrent des propriétés fédérales. Jefferson Davis fut élu président confédéré provisoire. Le 13 avril 1861, Maurice quitta la Nouvelle-Orléans, peut-être en partie à cause de la guerre imminente aux portes de la ville et établit une nouvelle résidence dans l'ouest de la paroisse Saint-Martin. Par coïncidence, le même jour, Fort Sumter se rendit aux forces confédérées.

Il établit un magasin et un café à un endroit appelé l'Île Piquante situé près de Bayou Teche le long du vieux sentier espagnol. Au fur et à mesure que son affaire prospérait, il s'équipa

His residence, perhaps, was within one of the boarding houses in the Vieux Carré also known as the First City which was dominantly populated by white foreign French. The population of New Orleans was approximately one hundred sixteen thousand and this segment of the city was nourished by the very busy and robust river port.

Maurice's first employment in the crescent city was a cobbler (shoemaker) and then an itinerant vendor (vendeur itinerant) which provided him the experience to eventually become an independent merchant. About this time, his brother Joseph-Étienne, had succumb to drowning in the Mississippi River at New Orleans. Early in the year of 1861 a build-up of tensions began between the southern states and the federal government. Southern states were seceding and seizing federal properties. Jefferson Davis had already been elected provisional Confederate President. By 13 April, 1861 Maurice exited New Orleans, partially perhaps because of the impending war at the city's doorstep and established new residency out west in St. Martin Parish. Coincidentally, the same day Fort Sumter surrendered to Confederate forces.

He established a store and coffee house at a place called l'Île Piquante situated near Bayou Teche along the Old Spanish Trail. As his business prospered he elaborated by

VILLIEN

d'une carriole, avec laquelle il couvrit la région jusqu'à la rivière Vermilion. Ses marchandises comprenaient entre autres des marmites et des casseroles, de la quincaillerie, des boulons de matériau, du pain dur, du vin dans des tonneaux de chêne, des viandes salées, et des médicaments.

Les 15 et 16 octobre 1863, le magasin et le café de Maurice furent pillés à deux reprises, victimes de la convoitise des soldats sous le commandement du brigadier-général Michael K. Lawler alors qu'ils campaient le long du Bayou Teche. Connu sous le nom de « *Great Texas Overland Expédition* », les forces de l'Union ont dépouillé la région de tout ce qui pouvait aider l'armée confédérée. Un train de treize kilomètres de long se dirigea vers la ville de Morgan puis vers la Nouvelle-Orléans avec tout ce qui avait de la valeur, y compris les biens de Maurice. Ironiquement, le général Lawler était un fermier et un marchand de l'Illinois dans la vie civile, mais cela importait peu et la brigade prit tout ce que Maurice possédait, depuis les aiguilles et du fil jusqu'aux chevaux et à la volaille. Malgré ses arguments selon lesquels il était un sujet loyal à Napoléon III et donc neutre en matière de guerre civile aux États-Unis, le général ignora son plaidoyer. Jusqu'à la fin de la guerre, la région demeura paralysée. Les terres restèrent en jachère car il n'y avait pas de main-d'œuvre pour les plantations, les récoltes ont été dévastées par les inondations et les insectes, et l'épidémie de fièvre jaune a balayé la région de la Teche. Maurice resta à l'île Piquante jusqu'en août 1866.

the addition of a horse-drawn hack, in which he covered the region to the Vermilion River. His wares consisted among other things of pots and pans, hardware, bolts of material, hard-tack bread, wine in oak barrels, salt meats, and patent medicines.

On 15 and 16 of October 1863 Maurice's mercantile and coffee house were twice plundered by the wanton and greed of soldiers under the command of Brigadier General Michael K. Lawler as they were camped along Bayou Teche. Known as the Great Texas Overland Expedition, the Union forces stripped the region of anything of value that could support the Confederate army. An eight mile long wagon train headed for Morgan City then to New Orleans with all that was of value, Maurice's possessions included. Ironically, General Lawler was an Illinois farmer and merchant in civilian life, but this mattered not and the brigade took all that Maurice had, from needles and thread to horses and poultry. Despite his argument that he was a loyal subject to Napoleon III and neutral in the matter of the United States civil war, the general ignored his plea. Until the end of the war, the area lay prostrate. Land remained fallow as there was no workforce for the plantations, crops were devastated by flood and insects, and yellow fever epidemic swept the Teche country. Maurice remained at l'Île Piquante until August of 1866.

VILLIEN

En 1868, il établit un nouveau commerce sur la rive ouest de la rivière Vermilion à une intersection au sud-est de Broussard Cove, connue plus tard sous le nom de Milton's Crossing. Encore une fois, Maurice développa son activité de colporteur itinérant et vendit des marchandises dans les paroisses de Saint-Martin et de Vermilion. Cette année-là, Maurice (Pépère comme l'appelait la famille) épousa Marie Chaty (Mémère), (une immigrant française) qu'il avait rencontrée dans la paroisse de Vermilion. Elle était originaire de Faulquemont, en France.

En 1873, Maurice et Marie déposèrent une demande de «Homestead» dans la section 11, township 11, dans la paroisse nord-est de Vermilion. Là, dans un bosquet isolé parmi les hautes prairies et un petit étang, il construisit une maison et un commerce. Le magasin s'appela «Le Magasin à Maurice». Après cinq années d'entretien et de travail du sol ainsi que de présence permanente sur la ferme, le brevet était délivré et le demandeur devenait propriétaire.

Maurice et Marie ont eu cinq enfants, dont trois sont morts en bas âge. Leurs fils survivants, le docteur Joseph-Angelle (né en 1870) et Jean-Maurice, (né en 1875), ont grandi et ont passé toute leur vie à Maurice, en Louisiane.

By 1868 he established a new mercantile depot or trading post on the west bank of the Vermilion River at a crossing southeast of Broussard Cove, later known as Milton's Crossing. Again, Maurice grew his business as an itinerant peddler "colporteur" and marketed wares in St. Martin and Vermilion parishes. In that year, Maurice (Pépère as known to family) married Marie Chaty (Mémère), a French immigrant he met in Vermilion Parish. She was a native of Faulquemont, France.

In 1873 Maurice and Marie filed application for a "Homestead" in section 11, township 11 in northeast Vermilion Parish. There, in a lone grove among the tall prairie grasses and a small pond he built a home and mercantile. The store was called, "Le Magasin à Maurice. After five years of maintaining and working the soil as well as living on the homestead the patent was certified and the applicant could take title to the property.

Maurice and Marie had five children, three of whom died in infancy. Their surviving sons, Doctor Joseph-Angelle (b. 1870) and Jean-Maurice, Jr. (b. 1875) grew up and stayed their entire lives in Maurice, Louisiana.

VILLIEN

Le 5 avril 1875, Maurice est naturalisé citoyen américain au tribunal paroissial de Vermilion, à Abbeville, en Louisiane, et trois ans plus tard, en 1878, il devient propriétaire de son « Homestead » et reçoit l'acte de propriété final.

Le fils de Maurice, le docteur J. A. Villien, le décrivait dans la tradition de l'histoire orale comme un homme barbu, humble, calme et silencieux, jamais très loquace et doux. Maurice dégustait un verre de vin rouge, coupé à moitié d'eau, avec ses repas. Il était de petite taille et un chef éminent parmi les fermiers et les marchands de la paroisse nord de Vermilion. Ses compétences en matière de ferme laitière et d'élevage du bétail étaient le fruit d'un héritage familial ancestral acquis dans sa jeunesse et commencèrent à produire ses fruits lorsque son « Homestead » d'un quart de section quadrupla. Maurice acquit deux quarts de terrain contigus après le décès de sa belle-mère, Christine Pelletier et de son beau-frère, Sevenne Meaux. Quelques années plus tard, il acquit les trois quarts d'une section détenus par Arvillien Catalon complétant son acquisition d'une section entière. De bonnes pratiques de gestion des terres, des fermiers fiables et des ouvriers dévoués ont fait de la ferme de 1,597 hectares une petite plantation autosuffisante.

En 1881, Maurice fit le long et pénible voyage vers sa patrie à Bourg Saint-Maurice, devenue française à présent. Il rendit visite à Jacques-Marie, son frère, à Annecy

On April 5, 1875, Maurice became a Naturalized American Citizen, in the Vermilion Parish Court in Abbeville, Louisiana, and three years later, in 1878, he became a freeholder of the homestead and received final certification.

Maurice's son, Doctor J. A. Villien, described him in the tradition of oral history as a genteel, humble, quiet bearded man, never very talkative and soft spoken. Maurice enjoyed a glass of red wine, cut half strength with water, with his meals. He was short in stature and a preeminent leader among farmers and merchants in north Vermilion Parish. Dairy farm skills and raising cattle were age old traditions carried from his youth and began to produce dividends when his homestead of a quarter section quadrupled. Maurice acquired two adjoining quarter sections of land after the passing of his mother-in-law, Christine Pelletier and brother-in-law, Sevenne Meaux. Several years later, he acquired a third quarter section owned by Arvillien Catalon completing his acquisition of a whole section. Good land management practices, dependable tenant farmers and dedicated field-hands made the 647 acre farm function as a small self sufficient plantation.

In 1881 Maurice made the lengthy and arduous trip to his homeland in Bourg St. Maurice, now a part of France. He visited Jacques-Marie, his brother, in Annecy

VILLIEN

ainsi qu'à son propre lieu de naissance à Vulmix. Ce fut la dernière fois qu'il vit son pays et toute la famille qui était restait là-bas. Aussi, cette année-là, Maurice déposa une plainte auprès de la Cour des réclamations franco-américaine pour obtenir une indemnisation pour les pillages subis par l'armée de l'Union durant leurs raids en 1863. Le gouvernement l'a finalement dédommagé de ses pertes.

En janvier 1885, Maurice s'associa à Corine Broussard, une propriétaire foncière voisine. Ensemble, ils dessinèrent un plan de lotissement et vendirent des terrains à usage commercial et résidentiel. Les partenaires annoncèrent ainsi leur prochaine vente dans *l'Abbeville Meridional* : « Avis: Un certain nombre de lots dans la ville de Mauriceville, seront vendus aux plus offrants, le samedi 22 juillet à 13h, M. Villien, Corine Broussard, Propriétaires ».

L'église catholique la plus proche était à plus de seize kilomètre dans tous les environs. Habituellement, Maurice et Marie ouvraient leur maison à la communauté des voisins pour célébrer la messe dans leur maison lorsqu'un prêtre itinérant était disponible.

En 1886, il construisit la première église pour la communauté des fermiers des alentours de sa propriété et pour les voisins à proximité de Broussard Cove. En 1889, l'église existante, un presbytère et un terrain de dix acres furent donnés par Maurice à l'archevêque de la Nouvelle-Orléans.

as well as his own birthplace in Vulmix. This was the last he saw of his homeland and any family that remained there. Also, in that year, Maurice filed claim with the French-American Claims Court for remuneration of all the Union Army had taken in their raids in 1863. The government finally made recompense for his losses.

In January 1885, Maurice joined into partnership with Corine Broussard, an adjacent land owner. Together they implemented a subdivision plan and sold lots for commercial and residential use. The partners announced their forthcoming sale in the *Abbeville Meridional*: "Notice: A certain number of lots in the town of Mauriceville, will be sold to the highest bidders, on Saturday July 22, at 1 p.m., M. Villien, Corine Broussard, Proprietors".

The nearest Catholic Church was greater than ten miles in any direction. Maurice and Marie usually opened their home for the community of neighbors to attend mass in their home when a circuit riding priest was available.

In 1886, he built the first church for the community of farmers surrounding his property and neighbors of nearby Broussard Cove. By 1889, the existing church building, a rectory and a ten acre parcel was donated by Maurice to the Archbishop of New Orleans.

VILLIEN

L'église fut appelée par les résidents de la région, La Chapelle à Maurice, mais le nom officiel était l'église Saint Alphonse.

En 1894, Maurice déplaça sa maison et son magasin du site dans le Grove à la nouvelle avenue Maurice. Les deux étaient directement en face de l'église. Un an plus tard, en 1895, Maurice fit une demande au Département des Postes des États-Unis pour permettre l'établissement d'un guichet postal dans son magasin. La demande fut acceptée et il devint maître de poste du bureau de poste de Maurice.

Une grande partie de ce que Maurice fit après être arrivé ici dans le sud de la Louisiane concrétisait la communauté qu'il s'efforçait de construire. Il voulait bâtir un monde meilleur en offrant des parcelles abordables pour construire des maisons, en faisant don de terrains et de bâtiments à des fins publiques. Il était actif dans sa communauté religieuse et se souciait du bien public et de l'humanité. En 1899, il fit don d'une grande parcelle et construisit la première école pour la communauté de Mauriceville.

À l'automne de leur vie, Maurice et son frère Jacques-Marie correspondaient régulièrement. Jacques était un célibataire qui vivait à Annecy, en Haute-Savoie, en France et était un financier respecté, vice-président de la Commission administrative du bien-être social.

The church was called by area residents, La Chapelle à Maurice but the official name was Saint Alphonsus Church.

In 1894 Maurice relocated his home and store from the site in the Grove to the newly formed Maurice Avenue. Both were directly across from the church. A year later, in 1895, Maurice made application to the United States Postal Department to allow establishment of postal station within his store. The application was granted and he became postmaster of the Maurice Post Office.

Much of what Maurice did after arriving here in south Louisiana embodied the community he strived to build. He believed in making the world a better place by providing affordable parcels to build homes, donating land and buildings for public purpose. He was active in his religious community and showed concern for the public good and humanity. In 1899 again he donated a large parcel and built the first school for the community of Mauriceville.

In the autumn of their lives, Maurice and his brother Jacques-Marie corresponded regularly. Jacques was a bachelor who lived in Annecy, Haute-Savoie, France and was a respected financier, Vice-President of the Administrative Commission of Welfare.

VILLIEN

Sa situation financière lui permit de commander deux bustes en bronze d'un sculpteur français, l'une de Maurice et l'autre de lui-même. Il commanda également un bureau sculpté finement à la main avec des sculptures en bois de Marie Chaty, l'épouse de Maurice, leurs deux fils, Joseph et Jean, leurs épouses, Octavie Broussard et Elina Suire, et les enfants de Joseph, Jacques Cyr et Rita.

Alors que sa santé se détériorait lors de sa dernière année, Maurice chercha à contribuer au remplacement de la première chapelle construite en 1886. Le bâtiment avait été endommagé par de multiples tempêtes. La communauté de l'église prévoyait un nouveau bâtiment; cependant, en 1902, Maurice mourut avant de voir la nouvelle construction achevée en 1906. Son rêve de construire une ville se concrétisa également mais ne devint réalité qu'en 1911, lorsque la ville devint le Village de Maurice.

His financial situation allowed him to commission two bronze busts by a French sculptor, one of Maurice and one of himself. He also commissioned a finely crafted and hand-carved desk featuring wood sculptures of Marie Chaty, wife of Maurice, their two sons, Joseph and Jean, their wives, Octavie Broussard and Elina Suire, and the children of Joseph, Jacques Cyr and Rita.

As his health deteriorated in his final year, he sought to contribute in replacing the first chapel constructed in 1886. The building had been damaged by multiple storms. The church community was planning for a new building; however, in 1902 Maurice died before seeing the new construction which was completed in 1906. So too, his dream of building a city was taking shape but would only become reality in 1911 when the town was incorporated as the Village of Maurice.

VILLIEN

www.ingramcontent.com/pod-product-compliance
Lightning Source LLC
Chambersburg PA
CBHW042023150426
43198CB00002B/53